GUGLIELMO TELL

Melodramma tragico in quattro atti
Libretto di Étienne de Jouy et Hippolyte-Louis-Florent Bis
Tradotto dal francese da Calisto Bassi

Personaggi:

GUGLIELMO TELL, *(basso)*
ARNOLDO, amante di Matilde *(tenore)*
GUALTIERO FÜRST *(basso)*
MELCHTHAL, padre di Arnoldo *(basso)*
JEMMY, figlio di Guglielmo *(soprano)*
EDWIGE, moglie di Guglielmo *(mezzosoprano)*
UN PESCATORE *(tenore)*
LEUTOLDO *(basso)*
GESSLER, governatore *(basso)*
MATILDE, principessa di Hasbourg *(soprano)*
RODOLFO, seguace di Gessler *(tenore)*
Ufficiali e soldati di Gessler
Paggi
Damigelle di Matilde
Pastori d'ambo i sessi
Danzatori
Cacciatori
Pescatori
Svizzeri dei cantoni di Uri, Unterwalden e Schwitz

La scena è nella Svizzera, e precisamente in Altdorf, Cantone d'Uri, e sue vicinanze.

ATTO PRIMO

Una specie di villaggio in mezzo alla montagna. A destra dell'attore un torrente che va a perdersi sulla sinistra imezzo alle rocce. In lontano le alte montagne della Svizzera. Sopra una roccia, a sinistra dell'attore, la casa di Guglielmo: sul davanti altre capanne.

Scena prima
Coro di svizzeri d'ambo i sessi. Un pescatore nella sua barca sul torrente. Guglielmo pensoso, appoggiato alla sua vanga; Edwige e Jemmy intenti a vari lavori rustici.

CORO
È il ciel sereno,
Seren il giorno,
Tutto d'intorno
Parla d'amor.

L'eco giuliva
Di questa riva
Ripeta il giubilo
De' nostri cor.

Coll'opre ognun
Poi presti omaggio
Del mondo ognor
Al Creator.

PESCATORE
(nella sua barca)
Il piccol legno ascendi,
O timida donzella,
Deh, vieni, e pago rendi
Il tenero mio cor.

Io lascio il lido, o Lisa;
Non sii da me divisa;
Il ciel sereno è pegno
A noi d'un grato dì.

GUGLIELMO
(a mezza voce)
Dolce è per lui la cura
Del foco ond'arde in seno,
Ne prova il rio veleno
Che mi divora il cor.

Perché vivere ancora,
Or che non v'è più patria?
Ei canta, e Elvezia intanto,
Ahi, quanto piangerà!

PESCATORE
Gentil come la rosa
D'un bel mattin nascente,
Potrai d'un ciel fremente
Placar, ben mio, l'orror.

Ed al tuo fianco assiso
Novella vita io spero;
Proteggerà il mistero
Le gioie dell'amor.

EDWIGE e JEMMY
Felice nell'orgoglio
D'un tenero abbandono,
Delle tempeste il suono
Non desta in lui timor.

Ma se al temuto scoglio
Lo tragge avversa sorte,
L'inno unirà di morte
A' canti dell'amor.

Odonsi a poca distanza suoni e grida di gioia.

TUTTI
Oh! quale alta d'intorno
Dolce armonia risuona!
Di festa il lieto giorno
Ne viene ad annunziar.

Del sol siccome il raggio
Risplende a' fior sereno,
La gioia di ogni seno
Rivive e sente amor.

Scena seconda
Melchthal dalla collina, seguito da altri svizzeri. Arnoldo e detti gli vanno incontro, e lo festeggiano.

CORO
Salute, onore, omaggio
Al saggio tra i pastor.

EDWIGE
Il rito si rinnovi
Di tempi men funesti,
E premio alfin ritrovi
La fedeltà, l'amor.

ARNOLDO
(a parte)
L'amore... oh Dio!.. l'amore!..
Oh, qual pensier!.. io gelo!

EDWIGE
(a Melchthal, pregandolo a voler celebrare le nozze dei pastori)
Per te fien lieti.

MELCHTHAL
Per me?

EDWIGE
(come sopra)
Ognuno il fia per te.

GUGLIELMO
(come sopra)
Della virtù degli anni
Il privilegio è questo;
Cedi, e giammai funesto
Il ciel per noi sarà.

MELCHTHAL
(cedendo alle istanze che gli vengono fatte)
Pastori, intorno - Ergete il canto,
Di questo giorno - S'innalzi il vanto.
Sì, sì, esultate, - Sì, celebrate
Le pure gioie - D'imene e amor.

TUTTI
Or sì, esultiam, - Sì, celebriam
Le pure gioie - D'imene e amor.

Al fremer del torrente
S'alzi di gioia il grido,
E l'eco dolcemente
Da questo ameno lido
Ai monti, al bosco, al piano
Il suon ripeterà.

Il coro parte.

Scena terza
Guglielmo, Melchthal, Arnoldo, Edwige, Jemmy.

GUGLIELMO
Contro l'ardor del giorno
Il solingo mio tetto
V'offra sicuro ed ospital ricetto.
Ivi, nel sen di pace,
Vissero gli avi miei;
Ivi fuggo i potenti,
E a' sguardi loro ascondo,
Che, padre essendo, io son felice al mondo.
(abbracciando il figlio)

MELCHTHAL
Egli è padre e felice...
L'udisti, figlio mio?
Questo è il maggior de' beni. E vorrai sempre
Della mia lunga età schernire i voti?
La festa de' pastori
Con un triplice nodo
Consacra in questo giorno di contento
I giuri dell'imen... ma il tuo non sento.

Partono tutti, fuorché Arnoldo.

Scena quarta
Arnoldo solo.

ARNOLDO
Il mio giuro, egli disse!
Il mio giuro?.. Giammai. Perché a me stesso
Celar non posso in qual fatale oggetto
Son rapiti i miei sensi?

O tu la di cui fronte al serto aspira,
O mia Matilde, io t'amo,
T'adoro e l'onor mio
Per te, il dover, la patria, il padre oblio!
Contro la micidial valanga io fui
Di scudo a' giorni tuoi;
Figlia di regi, io ti salvai da morte,
Te che al trono destina empia mia sorte.
Ebbro di vana speme
Il cor, che per te langue,
Tutto per gli empi prodigò il suo sangue.
Aver comun con essi
La gloria delle pugne,
Ecco la mia vergogna. I pianti miei
L'han però cancellata...
Ma me la rende una passione ingrata.

Odesi un lontano suono di caccia.

Ma qual suon!.. Del superbo i rei seguaci
Scendon dal monte... Oh Dio!..
Ivi è Gessler, e seco è l'idol mio!..
Veder e udir io voglio
Colei che m'innamora...
Reo sarò forse, ma felice ancora.

(fa per allontanarsi, quando incontrasi in Guglielmo ch'esce dalla sua capanna)

Scena quinta
Guglielmo e detto.

GUGLIELMO
Arresta... Quali sguardi!..
Tu tremi innanzi a me,
Né mi vuoi dire ond'ardi?
Tremar, tremar perché?..

ARNOLDO
(Potrò mentirgli il vero!)
Domi da un fato austero,
Qual cor non fremerà?

GUGLIELMO
Arnoldo, il ver tu celi;
Ma forza è che tu sveli
Il tutto all'amistà.

ARNOLDO
Esser potrei più misero?

GUGLIELMO
Misero! Quai misteri!
Parlami il ver.

ARNOLDO
Che speri?

GUGLIELMO
Di rendere al tuo core
L'onore e la virtù.

ARNOLDO
(Ah! Matilde, io t'amo, è vero;
Ma fuggirti alfin degg'io.
Alla patria, al dover mio
Io consacro un puro amor.)

GUGLIELMO
(Nel suo volto io leggo appien
Qual dolore ha chiuso in sen;
S'egli infido a noi si rese,
Il rimorso alfin intese
E emendar col pentimento
Può l'antico disonor!)
Via, si tronchi ogni dimora:
Sol vendetta anela il cor.

ARNOLDO
Morirò, se vuoi ch'io mora.

GUGLIELMO
Pria sia spento l'oppressor.

ARNOLDO
Contro l'empio qual consigli
Forte appoggio?

GUGLIELMO
Nei perigli
Non ve n'ha che un sol per noi:
Mille al reo ne restan poi.

ARNOLDO
Pensa a' beni che tu perdi.

GUGLIELMO
Non li curo.

ARNOLDO
Qual mai gloria
Dai perigli puoi sperar?

GUGLIELMO
Io non so se avrommi gloria,
Ma la sorte io vo' tentar.
Vieni, andiam: fia l'empio estinto.

ARNOLDO
Tu dunque speri?..

GUGLIELMO
Cangiar mia sorte.
Vieni a cercar con me vittoria o morte.

ARNOLDO
E vincer credi?

GUGLIELMO
Coll'ardir.

ARNOLDO
Ma se infelici...

GUGLIELMO
Non temer.

ARNOLDO
Qual ne resta asil, se vinti...

GUGLIELMO
V'è la tomba. Vieni, andiam.

ARNOLDO
E il vendicatore?

GUGLIELMO
Il ciel!

ARNOLDO
Teco sarò, Guglielmo,
Allor che della pugna
L'ora sarà.

Si ode un suono di caccia.

GUGLIELMO
(lo trattiene)
T'arresta.

ARNOLDO
(Contrattempo fatal!)

GUGLIELMO
Melchthal, Melchthal!..

Si sente di nuovo il suono di caccia.

Che sento! Egli è Gessler... Mentr'ei ne sfida,
Vorrai tu, da schiavo codardo,
La grazia ambir d'un disdegnoso sguardo?

ARNOLDO
Qual dubbio!.. oh ciel! qual dubbio!
Mortal è quest'oltraggio;
Io vo' sul suo passaggio
Sfidare il traditor.

GUGLIELMO
Non azzardar l'impresa,
Pensa a salvare il padre,
Dalle nemiche squadre
La patria a liberar.

ARNOLDO
(La patria!.. il padre!.. oh amore!
Che far?)

GUGLIELMO
Resisti?.. (Ei freme...
Il vero mi celò.)

Odi il canto sacrato ad Imene;
Non rammenti il pastor le sue pene,
Non s'unisca il piacere al dolor.
Tu seconda il furor di che m'ardo:
Odio e morte a quel vil traditor.

ARNOLDO
(Ciel, tu sai se Matilde m'è cara,
Ma il mio core s'arrende a virtù.)
Odio e morte a quel vil traditor.

Odonsi avvicinare festivi suoni campestri.

Scena sesta
Jemmy, Edwige, il Pescatore, Melchthal, coro di svizzeri, tre fidanzate ed i loro sposi, e detti.

EDWIGE
Il sol che intorno splende
Sembra arrestarsi a mezzo del suo corso
Per avvivar così leggiadra festa.
Venerabil Melchthal,
Voi saggio in fra i pastori.
Voi benedite ai loro casti ardori.

Le tre coppie si avanzano e s'inginocchiano ai piedi di Melchthal, che si è seduto sovra un banco di verdura allestito dai contadini.

ARNOLDO
(Oh smania!)

MELCHTHAL
(agli sposi)
Allor che il cielo
La vostra fede accoglie,
Benedirvi degg'io,

GUGLIELMO
Chi la vecchiezza onora,
Lo stesso nume in sulla terra adora.

JEMMY, EDWIGE, ARNOLDO, PESCATORE e CORO
Ciel, che del mondo,
Sei l'ornamento,
Splendi secondo
Al lor contento.
Puro è l'affetto
Nel loro petto
Come la luce
D'un dì seren.

ARNOLDO
(Il lor contento
M'è al cor velen.
Oh mio tormento!
Fatale amor!)

MELCHTHAL
(agli sposi)
Delle antiche virtudi
L'esempio rinnovate.
O figli miei, pensate
Che il suol ove nasceste al vostro imen
Domanda degli appoggi, de' custodi.
E voi, gentili, a lor fide compagne,
Chiusa è nel vostro petto
La lor posteritade. I figli vostri
Degli avi lor fian degni;
Da voi la patria attende i suoi sostegni.

Odesi di nuovo il suono di caccia.

GUGLIELMO
(Gessler di nuovo!)

ARNOLDO
(partendo inosservato)
Andiamo.

Scena settima
Detti, meno Arnoldo.

GUGLIELMO
(agitato)
(Gessler proscrive i voti!)
Udite l'empio! ei grida
Che non abbiam più patria,
Che per sempre la fonte è disseccata

Del sangue de' gagliardi
E pur troppo noi siam vili codardi!
Un popol senza forza
Non produce più eroi
E ai figli son serbate
Le catene che voi pur trascinate,
Donne, dal talamo scacciate i vostri
Sposi: ai tiranni non mancano schiavi.

EDWIGE
(a Guglielmo)
Quai t'agitan trasporti?
Perché liberamente sien palesi
Il dì sorgea?

GUGLIELMO
Lo spero...
Ma più Arnoldo non vedo.

JEMMY
Ei ne lascia.

GUGLIELMO
Ei mi fugge.
Pur cela indarno il turbamento suo.
Volo ad interrogarlo,
(ad Edwige)
E tu ravviva i giuochi.

EDWIGE
M'agghiacci di spavento,
E mi parli di festa?

GUGLIELMO
Cela il fragore ai rei della tempesta.
Può soffocarla della gioia il canto.
Fia che l'odano i crudi
Quando le prische avrem nostre virtudi.
(parte)

Scena ottava
Detti, meno Guglielmo.

TUTTI
Cinto il crine
Di bei fiori,
Tra gli amori
Scendi, Imen.

Teco alfine
Pace scenda
E ne renda
Lieti appien:

Per te solo
Tace il duolo,
Per te lieto
Vive il cor.

Muta resta
La tempesta
Nelle gioie
Dell'amor.

Qualche calma
Spera l'alma
Nell'ebbrezza
Del piacer.

Mentre cantasi il coro, si eseguiscono danze e diversi giuochi, fra i quali quello di tirare colla balestra in un bersaglio, che finalmente viene colto da Jemmy, al quale è rivolto il seguente:

CORO
Gloria e onore al giovinetto,
Ch'ebbe il premio del valor.

JEMMY
(correndo alla madre)
Madre mia!

EDWIGE
(abbracciandolo)
Qual sommo bene!

CORO
Di destrezza il premio ottiene;
Di suo padre ha in petto il cor.
(festeggiando Jemmy)

Si cinge il pro' guerriero
Di ben temprato acciaio,
E indossa un rozzo saio
Il semplice pastor.

Ma dove onore il chiama
Perir da forte ei brama,
E il dardo suo penetra
Le ascose vie del cor.

JEMMY
Ecco colà, tremante,
E reggendosi appena,
Madre, un pastor s'inoltra...

PESCATORE
Egli è il bravo Leutoldo.
Qual frangente lo guida?

Scena nona
Leutoldo e detti.

LEUTOLDO
(affannoso, appoggiandosi sopra una scure insanguinata)
Salvatemi!... Salvatemi!..

EDWIGE
Che temi?

LEUTOLDO
Il loro sdegno...

EDWIGE
Parla. Chi ti minaccia?

LEUTOLDO
Quell'empio, che giammai
Perdona; il più crudele,
Di tutti il più funesto...
Deh! mi salvate, o tra voi spento io resto.

MELCHTHAL
Che festi?

LEUTOLDO
Il mio dovere.
Solo di mia famiglia
Lasciommi il cielo un'adorata figlia:
Un vil ministro del governatore
Rapirla osava al mio paterno amore...
D'Edwige io sono padre,
Difender io la seppi.
Quest'arma mia l'oppresse...
(mostrando la scure intrisa di sangue)
Ah! lo vedete voi? quest'è suo sangue.

MELCHTHAL
Oh ciel!.. chi lo sostiene?
Tutto pe' giorni suoi temer conviene.

LEUTOLDO
Sopra l'opposta sponda
Un certo asil m'avrei... Deh! mi vi guida
(pregando il Pescatore)

PESCATORE
Il torrente e la rocca
Vietano avvicinarsi ove tu brami;
E l'affrontarli, o misero,
E darsi a certa morte.

LEUTOLDO
Oh quanto ingiusto
Sei meco! all'ultim'ora
Non oda i tuoi rimorsi il sommo Nume.

Scena decima
Guglielmo e detti.

GUGLIELMO
(Egli sparì, né a rinvenirlo io giunsi.)

CORO DI SOLDATI
(di dentro)
Leutoldo! Sciagurato!

LEUTOLDO
Gran Dio! tu sol mi puoi salvar.

GUGLIELMO
Io sento
Minacciar e dolersi...

LEUTOLDO
Oh mio Guglielmo!
Crudo destin m'opprime...
Mi si persegue: non son reo, mel credi.
E per sottrarmi al mio crudel destin
Questo mi resta solo arduo cammin.

GUGLIELMO
Tu l'odi, pescator, lo salva...

LEUTOLDO
È vano!
Come il tristo Gessler
Egli è per me crudele.

GUGLIELMO
(Sventurato!..) che apprendo!
Ma s'ei lo nega, io di salvarti intendo.

CORO DI SOLDATI
(di dentro)
Chiede sangue l'assassinio,
E Leutoldo il verserà.

GUGLIELMO
(a Leutoldo)
Vieni, t'affretta... Addio.

EDWIGE
Tu a morte vai...

GUGLIELMO
Ah, non temere, Edwige:
Trova sicura guida

L'uomo che nel cielo interamente fida.
(scende in battello, e vogando parte con Leutoldo)

Scena undicesima
Rodolfo con coro di soldati e detti.

CORO DI SVIZZERI
(inginocchiati e volti verso il battello che vedesi lottar coll'onde)
Nume pietoso,
Dio di bontà!
Il suo riposo
Da te verrà.

Salvar clemente
Tu puoi, Signor,
Dell'innocente
Il difensor.

RODOLFO e CORO DI SOLDATI
(da lontano)
Di morte e scempio
È giunta l'ora.
Sciagura all'empio!
Convien che mora!

Guglielmo ha sorpassato il punto più difficile del tragitto e vedesi approdare felicemente all'opposta spiaggia. In questo momento entrano Rodolfo e soldati.

JEMMY ed EDWIGE
Egli è salvo!

RODOLFO
Oh mio furor!

CORO DI SVIZZERI
Superato ha il rischio omai.

EDWIGE, JEMMY e MELCHTHAL
(Non invano il ciel pregai.)

RODOLFO
M'è d'oltraggio il lor godere.

JEMMY e MELCHTHAL
(Ah! perché, perché l'etade
Non risponde al mio desir!)

CORO DI SVIZZERI
(Mugge il tuon sul nostro capo:
Di tempesta egli è forier...
Fuggiam, fuggiam...)

RODOLFO
Restate,
E tosto a me svelate
Chi l'assassino ha salvo,
Chi 'l trasse in sicurtà.
Orsù, obbedite, o chi tace cadrà.

I soldati circondano gli svizzeri.

JEMMY ed EDWIGE
(Che sento!.. ohimè!)

CORO DI SOLDATI e RODOLFO
(Treman tutti di già.)

PESCATORE, MELCHTHAL e CORO DI SVIZZERI
(Già m'ingombra il terror!
Di noi che mai sarà?)

JEMMY, EDWIGE e CORO DI SVIZZERI
(Pietoso cielo, accogli
Il voto, il priego nostro!
Dall'ira di quel mostro
Ne salva per pietà!)

MELCHTHAL
Ciò ch'ei fece, ognun di noi
L'oserebbe. Amici, ardir.

CORO
Amici, ardir! Amici, ardir!

RODOLFO
Ah! tremate. Il reo svelate.

MELCHTHAL
Sciagurato! questo suolo
Non è suol di delator!

RODOLFO
Quel ribaldo circondate!
E sia tratto al mio signor.

Alcuni soldati s'impadroniscono di Melchthal; gli altri, ricevuto l'ordine da Rodolfo, si dispongono ad obbedirlo invadendo le capanne all'intorno.

Su via, struggete,
Tutto incendete,
Orma non resti
D'abitator.

Strage e rovina
Sia la lor sorte.
Lampo di morte
È il mio furor.

SOLDATI
Sì, sì, struggiamo,
Tutto incendiamo,
Orma non resti
D'abitator.

Strage e rovina
Sia la lor sorte.
Lampo di morte
È il suo furor.

JEMMY
Sì, si, struggete,
Tutto incendete,
Ma in ciel v'ha un Nume
Vendicator.

Te forse un giorno
Farà perduto
L'arco temuto
Del genitor.

EDWIGE, MELCHTHAL, PESCATORE e CORO DI SVIZZERI
Sì, sì, struggete,
Tutto incendete,
Ma in ciel v'ha un Nume
Vendicator.

Verrà un gagliardo,
Il di cui dardo
Saprà punire
Un oppressor.

Malgrado l'opposizione de' suoi compagni, Melchthal è circondato e trascinato dai soldati di Rodolfo.

ATTO SECONDO

Valle profonda. In lontano vedesi il villaggio di Brunnen ai piedi delle alte montagne del Rütli. A sinistra dell'attore si scorge parte del lago dei Quattro Cantoni. Incomincia la notte.

Scena prima
Coro di cacciatori recando le uccise belve, indi coro di pastori di dentro.

CORO
Qual silvestre metro intorno
Si congiunge al nostro corno!
Mesce il daino il suon morente
Al fragore del torrente.

Ed allor ch'estinto resta
Chi la gioia può imitar?
Il furor della tempesta
Può quel giubilo eguagliar.

Odesi il suono d'una campana, quindi la cornamusa dei boari svizzeri.

UN CACCIATORE
Qual suon?.. Udiam.

CORO DI PASTORI
Del raggiante lago in seno
Cade il giorno.
Il suo placido sereno
Sparve intorno.
La campana del villaggio
Di partenza è a noi messaggio.
Già cade il dì.

UN CACCIATORE
La molesta voce è questa
Del monotono pastor.

Suono lontano.

CORO
Di Gessler risuona il corno.
Ciascun riede al suo soggiorno,
Già cade il dì.
(partono)

Scena seconda
Matilde sola.

MATILDE
S'allontanano alfine!
Io sperai rivederlo,
E il cor non m'ha ingannata,
Ei mi seguìa... lontano esser non puote...
Io tremo... ohimè!.. se qui venisse mai!
Onde l'arcano sentimento estremo
Di cui nutro l'ardor, ch'amo fors'anco!
Arnoldo! Arnoldo! ah! sei pur tu ch'io bramo.
Semplice abitator di questi campi,
Di questi monti caro orgoglio e speme,
Sei tu sol che incanti il mio pensiero,
Che il mio timor cagioni. Oh! almen ch'io possa
Confessarlo a me stessa... io t'amo, Arnoldo!
Tu i giorni miei salvasti,
E l'amor più possente in me destasti.

Selva opaca, deserta brughiera
Qual piacer la tua vista mi dà.
Sovra i monti ove il turbine impera
Alla calma il mio cor s'aprirà.
L'eco sol le mie pene udirà.

Tu, bell'astro, al cui dolce riflesso
Il mio passo vagante sen va,
Tu m'addita ove Arnoldo s'aggira;
A lui solo il mio cuor s'aprirà,
Esso sol le mie pene udirà.

Scena terza
Arnoldo e detta.

ARNOLDO
Se il mio giungere t'oltraggia,
Mel perdona, Matilde. I passi miei,
Incauto sino a te spinger osai.

MATILDE
A mutua colpa è facile il perdono.
Arnoldo, io t'attendea

ARNOLDO
Questi soavi accenti, ah! ben lo veggo,
Ha la pietà inspirati.
Deh! compiangi il mio stato;
Amandoti io t'offendo.
Il mio destino è orribile!

MATILDE
Ed è men tristo il mio?

ARNOLDO
Uopo è però
Che in così dolce e barbaro momento,
E fors'anco l'estremo,
L'alma figlia dei re
A conoscermi apprenda.
Io con nobile orgoglio ardisco dirlo:
Il ciel per te dato m'avea la vita.
D'un fatal pregiudizio

Lo scoglio misurai.
Col suo poter esso tra noi s'innalza:
Rispettarlo saprò da te lontano.
Comandami, o Matilde,
Fuggir dagli occhi tuoi,
Che abbandoni la patria e il padre mio,
Morte trovar sovra straniera terra,
Scegliere per tomba inospital foresta;
Parla, pronunzia un solo accento.

MATILDE
Arresta.

Tutto apprendi, o sventurato,
Il segreto del mio cor.
Per te solo fu piagato,
Per te palpita d'amor.

ARNOLDO
Se tu m'ami, se all'affetto
Puoi risponder del mio cor,
Una speme avere in petto
Io potrò di pace ancor.
Ma tra noi qual mai distanza,
Quanti ostacoli vi sono!

MATILDE
Ah, non perder la speranza:
Tutto il ciel ti dette in dono.

ARNOLDO
Cari, onesti e dolci accenti!
Di piacer colmate il cor.

MATILDE
(Posso amarlo. Quai momenti
Proverò di gioia e amor!)
Riedi al campo della gloria
Nuovi allori a conquistar...

Potrai sol colla vittoria
La mia destra meritar.

ARNOLDO
Riedo al campo della gloria
Nuovi allori a meritar.
Quando in premio di vittoria
Cesserò di palpitar?

MATILDE e ARNOLDO
Il core che t'ama
Sol cerca, sol brama
Di viver con te.
Ah! questa speranza,
Che sola m'avanza
Fia sempre con me.

S'ode un calpestìo.

MATILDE
Alcun vien... Separiamoci.

ARNOLDO
Potrò vederti ancora?

MATILDE
Al nuovo giorno,

ARNOLDO
Oh gioia!

MATILDE
Quando sorga l'aurora,
Nell'antico tempietto,
Al cospetto di Dio,
Da te riceverò l'ultimo addio.

ARNOLDO
(cade a' piedi di Matilde e le bacia la mano)
Oh! suprema bontà!

MATILDE
Forza è lasciarti.

ARNOLDO
Cielo! Guglielmo!
Gualtier! Dio! Parti, ah! parti.

Matilde parte.

Scena quarta
Gualtiero, Guglielmo e detto.

GUGLIELMO
Solo non eri in questo loco.

ARNOLDO
Ebbene?

GUGLIELMO
Un colloquio ben grato
A turbar giunsi.

ARNOLDO
Eppure io non vi chiedo
A che mirate...

GUALTIERO
E forse,
Più che a ciascun, è a te mestieri udirlo.

GUGLIELMO
No. Ad Arnoldo che importa

S'egli abbandona i suoi,
S'egli in segreto aspira
A servir chi ne opprime?

ARNOLDO
E d'onde il sai?

GUGLIELMO
Dal fuggir di Matilde e dal tuo stato.

ARNOLDO
E tu mi vegli!

GUGLIELMO
Io stesso!
In questo cor lanciasti
Sin da ieri il sospetto.

ARNOLDO
Ma se amassi?

GUALTIERO
Gran Dio!

ARNOLDO
Se amato io fossi,
I supposti...

GUGLIELMO
Sarian veri.

ARNOLDO
E il mio amore...

GUALTIERO
Empio saria.

ARNOLDO
Matilde...

GUGLIELMO
Ell'è nostra nemica.

GUALTIERO
Ha nelle vene un abborrito sangue.

GUGLIELMO
E vilmente egli cadde a' piedi suoi.

ARNOLDO
Ma di qual dritto il cieco furor vostro?..

GUGLIELMO
Un solo accento, e ti sarà palese.
Sai, tu, Arnoldo, che sia l'amor di patria?

ARNOLDO
Voi parlate di patria?
Ah, non ve n'ha per noi.
Io lascio queste rive
Abitate dall'odio,
Dalla discordia, dal timor: fantasmi
Di servitudi orrende.
In arene men triste onor m'attende.

GUGLIELMO
Allor che scorre - De' forti il sangue!
Che tutto langue, - Che tutto è orror,
La spada impugna, - Gessler difendi,
La vita splendi - Pel traditor.

ARNOLDO
Al campo volo - Onor m'attende,
Ardir m'accende, - M'accende amor.
Desìo di gloria - M'invita all'armi:
È di vittoria - Ardente il cor.

GUALTIERO
Estinto un vecchio - Gessler facea,
Quell'alma rea - Svenar lo fe'
Da noi vendetta - L'estinto aspetta,
E la domanda, - La vuol da te.

ARNOLDO
Oh, qual mistero orrendo!..
Un vecchio ei spense!.. Oh Dio!

GUALTIERO
Per te moria piangendo...

ARNOLDO
Ed è?..

GUALTIERO
Tacer degg'io.

GUGLIELMO
S'ei parla, il cor ti squarcia.

ARNOLDO
Mio padre!..

GUALTIERO
Sciagurato!
Ei stesso fu svenato,
Ei stesso cadde spento
Per man dell'oppressor.

ARNOLDO
Ah, che sento!.. il padre!.. ohimè! io spiro...
Troncar suoi dì
Quell'empio ardiva,
Ed il mio acciar
Non si snudò!

Mio padre, ohimè!
Mi malediva,
Ed io la patria
Allor tradiva!..
Cielo! mai più
Lo rivedrò!

GUGLIELMO e GUALTIERO
(Quali smanie! egli appena respira.
Il rimorso che il cor gli martira
Dell'amor ogni nodo spezzò;
A quel duolo già cade e delira,
Già la benda fatale strappò.)

ARNOLDO
È dunque vero?

GUALTIERO
Vidi il delitto;
Il derelitto
Vidi spirar.

ARNOLDO
Che far?.. Gran Dio!

GUGLIELMO
Il tuo dover.

ARNOLDO
Morir degg'io...

GUGLIELMO
Viver dêi tu.

ARNOLDO
Quell'empio al suolo
Cadrà svenato.
Io l'ho giurato
Pel genitor.

GUGLIELMO
Deh! frena i tuoi trasporti,
Deh, calma l'ira omai
E vendicar potrai
La patria, il genitor.

ARNOLDO
E a che tardiam?

GUGLIELMO
La notte
A' voti nostri amica,
Già distende su noi
Un'ombra protettrice,
E tu vedrai tra poco
Avvolti nel mistero
Qui giunger cauti i generosi amici
Che udranno i pianti tuoi,
E il vomere e la falce,
Cangiati in brandi ed aste
Tentar con miglior sorte
O libertade o morte.

ARNOLDO, GUGLIELMO e GUALTIERO
O libertade o morte.

La gloria infiammi - I nostri petti,
Il ciel propizio - Con noi cospira;
Del padre l'ombra - Il cor c'ispira,
Chiede vendetta - E non dolor.

Nel suo destino - Ei fortunato
Con la sua morte - Par che ci dica
Che del martirio - Il serto è dato
A coronare - Tanta virtù.

GUGLIELMO
Confuso da quel bosco
Sembrami udir fragor.

GUALTIERO
Ascoltiamo .

ARNOLDO
Silenzio.

GUALTIERO
Sì, ascoltiamo.
Di numerosi passi
Risuona la foresta.

ARNOLDO
Più lo strepito appressa.

GUALTIERO
Chi avanza?

Scena quinta
Abitanti d'Unterwalden, e detti.

CORO
Amici della patria.

GUGLIELMO
Oh ventura!

ARNOLDO Oh vendetta.

ARNOLDO, GUGLIELMO e GUALTIERO
Onore al cor del forte.

CORO
Con ardor richiese il cor
Di sfidar, di superar
La distanza ed i perigli,
E ogni cor con ardor

Brama vincere o morir.
Il vigor de' tuoi consigli
Nuovo in noi desta ardir.

GUGLIELMO
O d'Unterwald voi generosi figli!
Questo nobile ardor non ne sorprende.

GUALTIERO
Imitarlo sapremo.
Si ode una tromba.
Degli amici di Schwitz
Odo la tromba risuonar d'intorno;
È surto, o patria, di tua gloria il giorno!

Scena sesta
Abitanti di Schwitz, e detti.

CORO
Domo, o ciel, da uno straniero,
A' suoi mali il forte indura,
E coperto dal mistero,
Quivi è tratto a lagrimar.
Qui sol può la sua sciagura
Col suo pianto mitigar.

GUGLIELMO
E scusabil la tema
In chi tra' ceppi vive.
Alla mia speme v'affidate: amica
Ne arriderà la sorte.
Onore al cor del forte!

TUTTI
Onore al cor del forte!

GUALTIERO
D'Uri mancan soltanto
I magnanimi amici.

GUGLIELMO
Onde le tracce
Nasconder de' lor passi,
E per meglio celar la nostra impresa,
S'apron co' remi loro
Sul mobile elemento
Il sol sentier che non inganna mai.

Dal lago vedonsi approdare alla riva diverse navicelle.

GUALTIERO
De' prodi, ascolta, è già compiuto il patto.
Non odi tu?

GUGLIELMO
Chi viene?

Scena settima
Abitanti d'Uri dalla parte del lago e detti.

CORO
Amici della patria.

GUGLIELMO
Onore della patria a' difensor.

TUTTI
(meno gli abitanti di Uri)
Onore della patria a' difensor.

CORO
Guglielmo, sol per te

Tre popoli s'unîr,
Il barbaro a punir
Ciascuno è presto.

Parla, e il tuo dir sarà
Di stimolo al codardo;
E come acceso dardo
Il core infiammerà.

GUGLIELMO
La valanga che volve
Dalla cima dei monti,
E morte suol lasciar sui campi nostri,
In sé mali men crudi,
Men funesti rinserra
Di quei che versa empio tiranno in terra.

GUALTIERO
A noi pur oggi è dato,
Ed al nostro coraggio,
Di purgar queste rive
Dal mostro abbominato.

CORO
Di guerra alla minaccia,
Ad onta nostra, il cor freme ed agghiaccia!

GUALTIERO
Dov'è l'antica audacia? Per mille anni
Gl'indomiti avi nostri
A difender fur presti i dritti loro,
E in noi fia che s'estingua ardor cotanto?

CORO
Ma adesso... Oh qual terror!

GUGLIELMO
Da lungo tempo
Usi a soffrir, più il peso non sentite

Delle vostre sciagure? Almen pensate
Alle vostre famiglie. I padri vostri,
E le mogli e le figlie
Più asilo omai non han nel vostro tetto.

GUALTIERO
Più ospitale tra noi non v'ha ricetto.

GUGLIELMO
Amici, contro questo giogo infame
Invan reclama umanità. Trionfanti
Sono i nostri oppressori.
E cinti da' perigli
Vediamo i genitor, le spose, i figli...

CORO
E cinti da' perigli
Vediamo i genitor, le spose, i figli...
Che far dobbiam? che far? a noi lo svela.

ARNOLDO
La morte vendicar del padre mio.

CORO
Melchthal? qual era il suo delitto?

ARNOLDO
L'amor della sua patria.

CORO
L'empio di morte è degno.

GUGLIELMO
Mostriamoci degni alfine
Del sangue onde sortiamo:
Nell'ombra e nel silenzio
I tre Canton di lancia e spada armiam.

CORO
Nell'ombra e nel silenzio
I tre Canton di lancia e spada armiam.

GUGLIELMO
Domani fia che sorga
Il giorno di vendetta.
Ne reggerete voi?

CORO
Non lo temer! Sì, tutti.

GUGLIELMO
Presti a vincer?

CORO
Sì, tutti.

GUGLIELMO
Presti a morir?

CORO
Sì, tutti.

GUGLIELMO
Ebben, serbate
Vigore ed ardimento,
Sia fermo il patto e saldo il giuramento.

TUTTI
Giuriam, giuriamo
Pei nostri danni,
Per gli avi nostri,
Pe' nostri affanni,
Al Dio de' regi
E de' pastor,
Di tutti abbatter
Gli empi oppressor.

Se qualche vil
V'ha mai tra noi,
Lo privi il sol
De' raggi suoi,
Non oda il ciel
La sua preghiera,
E giunto il fin
Di sua carriera,
Gli neghi tomba
La terra ancor.

ARNOLDO
Già sorge il dì...

GUALTIERO
Segnal per noi d'allarme.

GUGLIELMO
Di vittoria.

GUALTIERO
Qual grido
Corrispondervi deve?

ARNOLDO
All'armi!

GUGLIELMO e GUALTIERO
All'armi!

TUTTI
All'armi!
(partono)

Campagna amena e remota.

ATTO TERZO

Scena prima

Matilde e Arnoldo.

MATILDE
Arnoldo, e d'onde nasce
La tua disperazion? è questo, parla,
Questo il tenero addio che m'attendea?
Tu parti, ma ben presto
Noi potrem rivederci.

ARNOLDO
Ah! no, qui resto,
Resto per vendicare il padre mio.

MATILDE
Che speri tu?

ARNOLDO
Sangue soltanto io spero.
Ai favori rinunzio della sorte.
A tutto ciò che aspiro,
Alla gloria, a te stessa.

MATILDE
Arnoldo, a me?

ARNOLDO
Fu tratto a morte il padre.
Sotto un ferro nemico egli è caduto.

MATILDE
Ohimè!

ARNOLDO
Non sai tu forse
Chi dirigesse il colpo?

MATILDE
Ah! freme il core oppresso...

ARNOLDO
Tel disse il tuo terror... Gessler.

MATILDE
Ei stesso?

Ah! se privo di speme è l'amore,
Non mi resta che pianto e terrore,
Infelice per sempre sarò.
Un delitto a me toglie il mio bene,
Fa più acerbe le immense mie pene,
Né il suo duol confortar io potrò.

Ah! che invan provocando il destino
A te salda serbai la mia fé;
Ché se tu non mi sei più vicino
Sarà morte la vita per me.

E per colmo di duol così rio
A te un padre il delitto rapi;
Né divider, piangendo, poss'io
Quel destin che te stesso colpì.

Ma in onta a un fato barbaro
Per sempre il mesto cor
Conserverà l'imagine
Del mio liberator.

Odesi un suono lontano.

ARNOLDO
Qual fragor! Qual suono ascolto?
Che sarà?

MATILDE
Gessler si desta.

ARNOLDO
Ei verrà dal fulmin côlto.

MATILDE
Oggi scende ad una festa
Che in Altdorf ei fe' bandir.
Fuggi... Ah! fuggi un uom fatale,
La sua gioia è ognor mortale;
Se mai priego al cor ti scese
Fuggi, o misero.

ARNOLDO
Io fuggir?

MATILDE
Se a me niega di seguirti
Reo poter di sorte austera,
L'alma mia ti segue intiera
Fida sempre al tuo soffrir.

ARNOLDO
Fanno insulto al duol quei canti;
Io qui resto per punir.

MATILDE
Pensa, Arnoldo...

ARNOLDO
Al padre io penso.

MATILDE e ARNOLDO
Sacrifizio io gli offro immenso

Se ti lascio nel martir.
Dunque addio, per sempre addio,
Il destin si dee compir.
Partono per lati opposti.

Gran piazza d'Altdorf.

Scena seconda

Nel fondo scorgesi il castello di Gessler. Da una parte evvi un palco destinato al Governatore. Ornano la piazza alcuni alberi di tigli, meli, ecc. Nel mezzo sarà piantato un palo a cui è sovrapposto un trofeo di armi, al quale tutti dovranno inchinarsi. Gessler, Rodolfo, ufficiali, paggi, guardie, coro di soldati e di svizzeri, e popolo.

SOLDATI
Gloria al poter supremo,
Gloria a Gessler,
Terror del mondo inter.
Nella sua rabbia estrema
Ei lancia l'anatema
Sul popolo e il guerrier.

SVIZZERE
(Ben altre leggi avremo,
Matilde, un dì per te.
Il tuo poter supremo
Sia tutto amor e fé.)

GESSLER
L'orgoglioso invan pretende
Disfidar la mia vendetta,
Le mie leggi trasgredir.
Dee ciascun, come me stesso,
D'ogni grado, d'ogni sesso,

Quest'insegna riverir.
(va a sedersi sul palco)

SOLDATI
Gloria al poter supremo,
Gloria a Gessler,
Terror del mondo inter.
Nella sua rabbia estrema
Ei lancia l'anatema
Sul popolo e il guerrier.

SVIZZERE
(Ben altre leggi avremo,
Matilde, un dì per te.
Il tuo poter supremo
Sia tutto amor e fé.)

GESSLER
Che l'impero germano oggi riceva
Della vostra obbedienza il sacro pegno.
Da un secolo ei si degna
Un appoggio accordar col suo potere
Alla fralezza vostra. Da vittoria
I nostri dritti allora
Vennero assicurati,
E fur dagli avi vostri rispettati.
Co' canti e in un co' giuochi
Di questo dì l'orgoglio
S'esalti. Udiste? Il voglio.

SVIZZERE
Quell'agil piè
Ch'egual non ha,
Invan l'augel
Seguir potrà.

SVIZZERI
La tua danza sì leggiera,

Pastorella forestiera,
Oggi al canto s'unirà.

Non ha aprile
Fior gentile
Che pareggi
Tua beltà.

TUTTI
Non ha l'aprile
Un fior più gentile
Che sia simile
A tua beltà.

Segue danza.

Scena terza
Alcuni soldati trascinano sul proscenio Guglielmo ed il figlio, che hanno osservati tra la folla, e detti.

RODOLFO
(a Guglielmo)
Inchinati, superbo.

GUGLIELMO
Nella fiacchezza sua se puoi tu, armato,
Un popolo avvilir, me no, che sprezzo
Qualunque legge che a viltà mi spinge.

RODOLFO
Miserabile!

SVIZZERI
(Oh qual funesto ardire!
Per lui temer dobbiamo!)

RODOLFO
(a Gessler)
Avvi chi tenta
Infranger le tue leggi.

GESSLER
Qual è,
qual è l'audace?

RODOLFO
È al tuo cospetto.

GUGLIELMO
Il tuo poter rispetto,
Venero le tue leggi... e non pertanto
Il capo io piego innanzi a Dio soltanto...

GESSLER
Cedi, obbedisci, o trema.
La mia voce, i tuoi rischi
Ti minacciano insiem. Mira quest'armi,
Osserva que' soldati.

GUGLIELMO
Io t'odo, io vedo,
E non t'intendo ancora.

GESSLER
Lo schiavo ch'è ribelle al suo signore,
Non freme in preveder la propria sorte?

GUGLIELMO
E qui sarei, ov'io temessi morte?

RODOLFO
Quest'ardire, signor, me lo palesa:
Egli è Guglielmo Tell, è quell'iniquo
Che Leutoldo sottrasse all'ira tua.

GESSLER
S'arresti, olà!

SOLDATI
Gli è quello
L'arcier temuto tanto,
L'ardito remator.

GESSLER
Per lui non v'ha pietade;
Ei cadde in poter mio.

GUGLIELMO
L'ultimo almen foss'io
Scherno del tuo furor.

GESSLER
Quel fasto m'offende,
Furente mi rende.
Dal fulmin colpito
Piegar ti vedrò.

RODOLFO
Dal fulmin colpito
Domato il vedrò.
Andiam, si disarmi,
Fuggire non può.

GUGLIELMO
(Oh perfida sorte!
Diletto mio figlio,
T'invola al periglio,
E lieto morrò.)

JEMMY
(Quel fulmin che pende
Felice mi rende
Se teco colpito
Morire potrò.)

Vien tolta la balestra e la faretra a Guglielmo.

GUGLIELMO
(a Jemmy di nascosto)
(Corri alla madre, e fa' che tosto incenda
De' nostri monti sull'estrema cima
La fiamma che segnale a' tre Cantoni
Sia di battaglia.)

GESSLER
(a Jemmy che s'allontana)
Arresta!
(La loro tenerezza
La mia vendetta infiamma.)
(a Guglielmo)
A me rispondi.
E questo il figlio tuo?

GUGLIELMO
Il solo.

GESSLER
(scendendo dal palco)
Ebben, salvarlo vuoi?

GUGLIELMO
Salvarlo!
Qual è il suo fallo mai?

GESSLER
L'esserti figlio,
Il tuo parlar, l'incauto orgoglio tuo.

GUGLIELMO
Io solo, io sol t'offesi:
Me solo punir dêi.

GESSLER
(distaccando un pomo da un albero)

Del suo perdono or tu l'arbitro sei.
Siccome abile arciero
Ti tiene ognun de' tuoi,
Sul capo di tuo figlio
Pongasi questo pomo, e tu col dardo
Involarglielo dêi sotto il mio sguardo.

GUGLIELMO
Che chiedi mai!

GESSLER
Lo voglio.

GUGLIELMO
Qual orribile decreto!
Sul figlio mio!.. mi perdo!..
E tu, crudel, puoi comandarlo? Ah! mai...
Troppo grande è il delitto.

GESSLER
Obbedisci!

GUGLIELMO
Ma tu figli non hai?
V'è un Dio, Gessler...

GESSLER
Obbedisci!

GUGLIELMO
Egli n'ascolta...

GESSLER
Assai
Dicesti; cedi alfin.

GUGLIELMO
Non posso.

GESSLER
(ai soldati)
Pera,
Pera il suo figlio.

GUGLIELMO
Ah! no... terribil legge!
Gessler, di me trionfi,
Una viltà m'impone
La vita di mio figlio:
Gessler, innanzi a te mi prostro.

GESSLER
(deridendo Guglielmo con sarcasmo)
Ecco l'arcier temuto,
L'ardito remator. La tema il vince,
Lo abbatte un detto.

GUGLIELMO
Ah! questo avvilimento
È giusto e mi punisci a dritto.

JEMMY
Ah! padre,
Pensa alla tua destrezza!

GUGLIELMO
Temo il troppo amor mio.

JEMMY
Dammi la mano,
Posala sul mio cor,
Senti: di tema no, batte d'amor.

GUGLIELMO
Ti benedico figlio mio, piangendo,
E il prisco ardir sul petto tuo riprendo.
La calma del tuo core
Ritorna a me vigore.

(Affetti miei, tacete.)
A me l'armi porgete.
Io son Guglielmo Tell.

Gli vien restituita la balestra e la faretra che vuota per terra; sceglie uno strale e ne cela un altro sotto la veste.

GESSLER
S'annodi il figlio suo.

JEMMY
Annodarmi! che ingiuria! Ah! no, che almeno
Libero io mora. Espongo
Senza tremare il capo al colpo orrendo,
E senza impallidir fermo l'attendo.

SVIZZERI
(Ah! nemmeno l'innocenza
Può calmar la sua vendetta!)

JEMMY
Coraggio, padre mio!

GUGLIELMO
Alla sua voce, dalla man mi cadono
Quest'armi abbominate,
E le luci ho di pianto ottenebrate.
Mio figlio! ch'io t'abbracci
Un'altra volta ancora.

Al cenno di Gessler, Jemmy ritorna presso Guglielmo.

Resta immobile, e vêr la terra inchina
Un ginocchio a pregar. Invoca Iddio,
Ché, sol per suo favore,
Al sen tornar potrai del genitore.
Così riman col guardo fiso al ciel.
Tu per amore vacillar potresti
Vedendo contro te lanciar l'acuto stral,

Un moto sol potrebbe
La vita a noi costar.
Jemmy, pensa a tua madre.
Ella ci attende insiem.

Vien posto il pomo sul capo di Jemmy ch'è tornato in fretta al suo posto; Guglielmo con torbidi sguardi scorre intorno la piazza; guarda Gessler e porta la mano dove ha celato il secondo strale; prende la mira, scocca e coglie il pomo.

SVIZZERI
Vittoria!

JEMMY
Oh, padre!

SVIZZERI
Sua vita è salva.

GUGLIELMO
Ciel!

GESSLER
Il pomo colse, oh rabbia!

SVIZZERI
Dal capo glielo tolse.
Guglielmo trionfò.

GESSLER
Oh furor!

SVIZZERI
Grazie, o Ciel!

JEMMY
Ei mi salvò la vita,
Un padre potea mai spegnere il figlio?

GUGLIELMO
Io più non reggo... io mi sostengo appena...
Sei tu, mio caro figlio?
Io soccombo alla gioia!
(sviene abbracciando il figlio, e gli cade lo strale che aveva nascosto)

JEMMY
Ah! soccorrete il padre.

GESSLER
(Ei sfugge all'ira mia...)
(osservando il dardo caduto)
Che vedo!

GUGLIELMO
Oh cielo! il sol mio ben salvai.

GESSLER
Quel dardo a che?

GUGLIELMO
Per te, s'egli era estinto.

GESSLER
Trema!

GUGLIELMO
Io tremar?

GESSLER
Sia di catene avvinto.

I soldati eseguiscono.

Scena quarta
Matilde, damigelle e detti.

MATILDE
Fia ver? delitto orrendo!

SVIZZERI
(E ancor dobbiam soffrir?)

SOLDATI
Entrambi den morir.

GESSLER
Che tosto sien troncati
Lor giorni sciagurati.
Io lo giurai, ma i rei
Sfidar gli sdegni miei,
Attendan quindi in ceppi
L'ora del loro morir.

MATILDE
Che! il figlio?.. Ah! no: t'arresta.
Fiera sentenza è questa.

GESSLER
Dato fu il segno e basti;
Meco tu invan contrasti.
Il figlio ancor...

MATILDE
Giammai,
Giammai finché vivrò.
(ai soldati)
In nome del sovrano
Suo figlio a me sia dato.
(a Gessler)
Un popol vedi, insano,
Contro di te sdegnato,
E tu resisti ancor?

RODOLFO
(sottovoce a Gessler)
(Cedilo: il padre
Almen ne resta.)

SVIZZERI
Ah! sì, bontade
Del cielo è questa.

Gessler cede e dà ordine che Jemmy sia affidato a Matilde.

Guglielmo!.. oh sorte
Atra, funesta!
(vedendolo incatenato fra i soldati)
Tal premio ottiene
La sua virtù?

RODOLFO
(sottovoce a Gessler)
Mormoran essi;
Non li odi tu?

GESSLER
L'audacia dell'infido
Nell'odio lor rivive.
Verso Kusmac il guido:
Per lago il condurrò.

RODOLFO
Sul lago?.. la bufera...
Deh! pensa...

GESSLER
Van timor!
(deridendo Guglielmo)
Chi mai, chi mai dispera
Dell'abil remator?
A nuovo il traggo orribile

Supplizio entro Kusmac,
A cui fa cinta il lago.

SVIZZERI
Grazia!

GESSLER
Sì, or or vedrete,
Come ciascun fo pago.
Io l'abbandono a' rettili.
La lor vorace fame
Gli schiuderà l'avello.

JEMMY
Ah padre!

GUGLIELMO
Oh figlio!

SVIZZERI
Grazia!
Grazia!

GESSLER
Giammai!..

MATILDE
Oh ciel!..
(È il suo destin segnato,
Ma fia per me salvato
Il figlio e il genitor.)

JEMMY
(a Matilde)
Quando mi vuol l'ingrato
Da un padre separato,
In voi sol spera il cor.

GUGLIELMO
(a Gessler)
Compi il crudel mio fato,
Ma almeno il figlio amato
Sia tolto a tant'orror.

RODOLFO, GESSLER e SOLDATI
L'ira sola che l'accende/m'accende
Il lor sangue può placar.

SVIZZERI
(Misero! a qual mai fato
Serbato è il suo valor!)

GESSLER
(al popolo)
Si sgombri, olà! il recinto,
O a' piedi vostri estinto
Faccio costui cader.
(Temon la mia vendetta.)

RODOLFO e SOLDATI
Il cenno ognun rispetta,
Temon la tua vendetta.

SVIZZERI
(Silenzio: assicuriamo
Il dì della vendetta.)

GUGLIELMO
Anàtema a Gessler!

JEMMY
(a Matilde)
Udiste la sentenza?
Anàtema a Gessler!

RODOLFO e SOLDATI
E noi tanta insolenza
Dovrem soffrir, tacer?

SVIZZERI
Anàtema a Gessler!
Ei di morte è sul sentier.

GESSLER
Se alcun di lor s'inoltra,
Si faccia al suol cader.

MATILDE
Ah! vieni tu con me.
(conduce seco Jemmy)

SOLDATI
Evviva, evviva Gessler.

SVIZZERI
Anàtema a Gessler.

ATTO QUARTO

Gessler, Rodolfo ed i soldati si fanno largo nella confusione del popolo, e trascinano Guglielmo altrove. Matilde conduce seco Jemmy. Il popolo, incalzato dai soldati, si allontana nella massima costernazione.

Interno d'una abitazione rustica.

Scena prima
Arnoldo solo.

ARNOLDO
Non mi lasciare, o speme di vendetta.
Guglielmo è fra catene, ed impaziente
Io di pugnar ora l'istante affretto.
In questo dolce asilo... qual silenzio!
Andiamo... io non ascolto
Che il suono de' miei passi... Oh! vada in bando
Il segreto terror... entriam...
(fermandosi dopo aver fatto alcuni passi per penetrare nelle stanze interne)
Oh Dio!
Sul limitar malgrado mio m'arresto...
Fu spento il padre mio e in vita io resto!

O muto asil del pianto
Dov'io sortiva il dì:
Ieri felice... ahi, quanto!
Oggi fatal così!

Invano il padre io chiamo:
Egli non m'ode più.
Fuggir quel tetto io bramo
Che caro un dì mi fu.

VOCI DI DENTRO
Vendetta!!

ARNOLDO
Oh mia speranza!
D'allarme io sento i voti!
Son essi i miei più fidi;
Chi mai li guida a me?

Scena seconda
Coro di svizzeri e detto.

CORO
Guglielmo è prigioniero
E ognun di ferro è privo.
Di farlo salvo
È in noi desir.
Armi vogliamo,
Per lui morir.

ARNOLDO
Da gran tempo Guglielmo e mio padre
Questa speme nutrivano intera.
Dove sta la deserta riviera
Lancie e spade nascose vi son.

CORO
Ad armarci, su, corriam
Ad armarci, su, voliam.

ARNOLDO
Dal pianto omai si resti;
L'ira al pensier si desti
Di mia fatalità.
Su chi mio padre ha spento,
E del mio ben mi priva,
La morte scenderà.

CORO
Non temere, no, t'affida,
Già sul reo la morte sta.

ARNOLDO
Corriam, voliam, s'affretti
Lo scempio di quel vile
Che su noi trionfò.
Sì, vendetta dell'empio facciamo:
Il sentiero additarvi saprò.

Ah! venite; delusa la speme
Renderem di chi vili ne brama.
Gloria, onore, vendetta ci chiama,
E Guglielmo per noi non morrà.

CORO
Sì, vendetta, delusa la speme
D'ogni tristo per noi resterà.

Partono.

Il Gran Lago de' Quattro Cantoni.

Scena terza
In lontananza scorgonsi varie rupi, sopra una delle quali è la casa di Guglielmo. Alcuni scogli circondano il lago.
Edwige e coro di donne svizzere.

CORO
Resta omai; ti perde il duolo;
Non ascolti suon di guerra?

EDWIGE
Gessler io veder vo' solo...

CORO
Dal crudel che vuoi sperar?
Morte solo...

EDWIGE
Sì, la bramo.
Ah! sì, la voglio. Egli trionfa: io priva
Del figlio e in un di Tell, convien ch'io viva?

Scena quarta
Jemmy, Matilde e detta.

JEMMY
(di dentro)
Ah madre!

EDWIGE
Chi parlava?
Questa voce sì cara...

JEMMY
Ah madre!

EDWIGE
Udirlo parmi. È desso! è desso!
Escono Jemmy e Matilde.
Oh sorte!.. Il figlio mio! Ma... ohimè! tuo padre
I passi tuoi non segue....

JEMMY
A' ferri ond'egli è cinto
Togliersi alfin saprà, ché da Matilde
Tutto aspettar dobbiamo.

EDWIGE
Tu, di tutto capace,
Esser l'angiol per noi potrai di pace!

MATILDE
Salvo da orribil nembo
A te ritorno il figlio!
Di bella pace in grembo
Nol giungerà il periglio.

Matilde a voi predice
Un termine al dolor.
Con me la speme il dice,
La speme ond'arde il cor.

EDWIGE e JEMMY
Vivrem di pace in grembo.
N'è il labbro suo presago;
Del ciel, cessato il nembo,
Essa è per noi l'imago;

E s'ella ne predice
Un termine al dolor,
La speme in essa dice
Col suono dell'amor.

EDWIGE
E per partire i nostri mali estremi,
Su queste rive dimorar ti piace,
Tu l'ornamento e lo splendor d'un soglio?

Comincia ad oscurarsi il cielo.

MATILDE
Esser l'ostaggio di Guglielmo io voglio.
E qui la mia presenza
Del suo tornar risponde.

EDWIGE
Del suo tornar! E vana
Non sarà questa speme!
D'Altdorf a che tolto non vien per noi?

JEMMY
Ei non è più colà!

MATILDE
Pel lago è tratto.

EDWIGE
Per lago? L'uragano
Già si scatena... Ovunque
È morte pel mio sposo.

JEMMY
(sovvenendosi di qualche cosa)
Oh qual pensier! Corretto
Sia quest'error fatale,
E di salvezza alfin splenda il segnale.
(per partire)

EDWIGE
Che speri, o figlio, tu?

JEMMY
Salvar mio padre.
(alla madre, di nascosto di Matilde)
Tutto un popol si scuota
Al sorger di que' fochi,
E in ogni riva in cui Gessler discenda,
Che a vendetta vegliamo ovunque apprenda.

Jemmy corre ad incendiare la casa di Guglielmo e porta le sue armi. La bufera imperversa orribilmente.

Scena quinta
Detti, meno Jemmy.

MATILDE
Qual mai fragore io sento?

EDWIGE
Sopra l'ali del vento
Morte passeggia... Ah! il mio Guglielmo è spento.

Edwige disperatamente s'inginocchia e tutti con lei.

Tu che l'appoggio - Del debol sei,
Ascolta, o cielo - I voti miei!
Se il mio Guglielmo - Tu non mi rendi,
Se nol difendi, - Perduto io l'ho.
Deh! frangi il giogo - Che ci fa oppressi,
Punisci il fallo - Negli empi stessi.

EDWIGE, MATILDE e CORO
Salva Guglielmo - Da fero artiglio,
Dal suo periglio - Salvalo, o ciel.

Scena sesta
Leutoldo e dette.

LEUTOLDO
Io lo vidi, io lo vidi!
Dalla tempesta è spinto
Guglielmo a queste rive.
Cessâr d'esser cattive
Le mani sue mentre il naviglio ei regge.

EDWIGE
Se Guglielmo pur giunge,
Della procella ad onta,
Ad afferrar la spiaggia,
Della comun salvezza io vi rispondo.

MATILDE
A lui tutti corriam.

TUTTI
A lui corriamo.

Partono tutti da un lato.

Succede una burrasca nel lago. Guglielmo dopo aver combattuto coll'onde, avvicina il naviglio alla spiaggia, balza sopra uno scoglio, quindi respinge il naviglio nel quale trovasi Gessler ed un certo numero de' suoi seguaci, in mezzo al lago, che poi si perde di vista.

Scena settima
Guglielmo, Jemmy, Edwige e donne.

EDWIGE
Io ti rivedo!

JEMMY
O padre!

EDWIGE
Oh! istante di dolcezza!

Si abbracciano.

GUGLIELMO
Quale splendor vegg'io?

JEMMY
L'asil del padre mio,
Onde donar l'allarmi, io stesso incesi,
E a salvar l'armi tue soltanto intesi.
(dando al padre la balestra e gli strali)

GUGLIELMO
Gessler! tu puoi venir.

Scena ottava
Gessler, soldati e detti.

SOLDATI
(dal lago)
Invan ne vuol fuggir:
(a Gessler)
Sull'orme sue si movi.

GESSLER
(sopra lo scoglio)
La grazia sua ritrovi
In sen di morte il vil.

EDWIGE
È lui!

DONNE
È lui!

GUGLIELMO
Sgombrate:
La Svizzera respiri.
(ascende sopra uno scoglio)
A te, Gessler!

Mentre Gessler sopraggiunge, Guglielmo lo trafigge con un dardo.

GESSLER
(colpito, cade nel lago)
Io moro!..

CORO DI SVIZZERI
(che sopraggiungono)
È il dardo di Guglielmo!

EDWIGE
Oh giorno di contento!

EDWIGE e JEMMY
Il suo morir dà fine a' nostri mali.

GUGLIELMO
A Dio grazie s'aspetta.

MATILDE
Nulla il poté salvar dalla vendetta.
Né il poter, né le dovizie,
Né i supplizi, né il furor.

La tempesta va cessando per gradi.

Scena nona
Gualtiero, coro di svizzeri armati e detti.

GUALTIERO
A que' segnali, amici,
Cessiamo di temer. Sangue si chiede,
Onde renderli estinti, e il sangue vuolsi
Dell'oppressor... Che vedo!
Salvo Guglielmo! Oh sorte!
Al superbo si voli.
(per incamminarsi co' suoi)

GUGLIELMO
(trattenendolo)
E vuoi?

GUALTIERO
Ch'egli soccomba.

GUGLIELMO
Nel lago puoi cercar la di lui tomba.

EDWIGE e JEMMY
Onor, onor - A lui che ci salvò.

TUTTI
Onor, onor - A lui che ci salvò.

GUGLIELMO
Non salda fia l'impresa
Finché d'Altdorf le detestate mura
Da' fondamenti lor non sian distrutte.

Scena decima
Arnoldo, svizzeri armati e detti.

ARNOLDO
Son quelle mura a servitù ridotte.

TUTTI
Vittoria! Sì, vittoria!
Altdorf è in poter nostro.

ARNOLDO
Se spento il padre mio dal vil non era,
La gioia egli vedria d'Elvezia intera.

A poco a poco si dileguano le nubi e il cielo si rasserena.

GUGLIELMO
Tutto cangia, il ciel si abbella,
L'aria è pura.

EDWIGE
Il dì raggiante.

JEMMY
La natura è lieta anch'ella.

ARNOLDO
E allo sguardo incerto, errante,
Tutto dolce e nuovo appar.

MATILDE, JEMMY, EDWIGE, ARNOLDO, GUALTIERO, LEUTOLDO, GUGLIELMO e CORO DI SVIZZERI
Quel contento che in me sento
Non può l'anima spiegar.

Cala il sipario.

ANNOTAZIONI E CURIOSITA'

Questa edizione di *Guglielmo Tell* rientra in un progetto più ampio di fruizione digitale (sia come *ebook* che attraverso il meccanismo cosiddetto di *print on demand*) dei grandi classici della cultura italiana. Una cura particolare è stata dedicata alla semplificazione del testo e della sua distribuzione sulla pagina.

L'effetto che ne può inizialmente percepire chi legge può essere quello di una disposizione fin troppo spaziosa ma essa è dettata da esigenze tecniche precise.

Sul testo digitale la possibilità di espandere o rimpicciolire a piacimento la grandezza dei caratteri, la possibilità di leggere su dispositivi diversi e tra loro non omogenei (un lettore offre un'esperienza ben diversa da quella di uno *smartphone* o di un *tablet*) comporta la ricerca della massima semplificazione.

Analogo il discorso per la stampa digitale che, avvenendo attraverso un controllo non diretto del processo, risulta essere più efficace quando la distribuzione testuale è semplificata. E ora, qualche pillola sull'opera e il suo contesto.

Il testo è la traduzione in italiano del libretto originale in lingua francese realizzata da Calisto Bassi.

Il libretto originario è stato composto da Étienne de Jouy e da Hippolyte-Louis-Florent Bis.

L'opera ha debuttato in una prima versione a Parigi nel 1829 e poi è stata riproposta in una seconda versione nel 1831.

Si tratta di una costruzione imponente che nella versione completa arriva a oltre cinque ore di rappresentazione.

Il Gugliemo Tell di Rossini, con la sua struttura e articolazione, viene considerato l'atto di nascita della 'Gran Opéra' francese.

Il testo si ispira a sua volta a quello di Friedrich Schiller (1804).

Numerosi brani dell'opera sono stati ripresi per produzioni audiovisive contemporanee.

La parte orchestrale finale è stata per circa trenta anni la sigla di apertura della RAI.

Le parti iniziali e finali sono state anche utilizzate per la colonna sonora del film Arancia Meccanica.

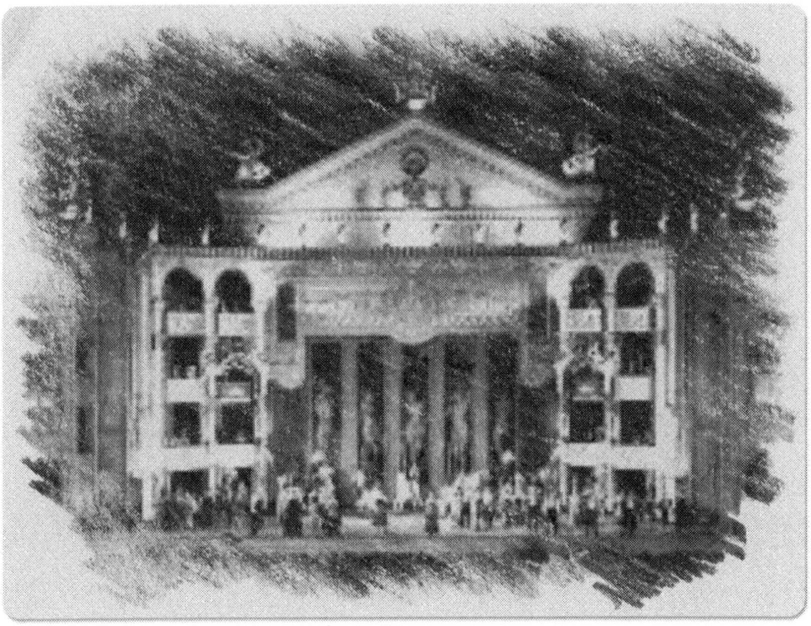